RÉPONSE

D'UN HABITANT DE PARIS,

ELECTEUR DE LA PROVINCE,

Aux Réflexions de L'ÉLECTEUR ANONYME
DISTRIBUÉES PAR LE MINISTÈRE SOUS LE COUVERT
DU MONITEUR PARISIEN, ET INTITULÉES :

A LA FRANCE ÉLECTORALE,

RÉFLEXIONS D'UN ÉLECTEUR A PROPOS DE LA DISSOLUTION
DE LA CHAMBRE DE 1839.

PARIS,

IMPRIMERIE DE GUIRAUDET ET CH. JOUAUST,
RUE SAINT-HONORÉ, 315.

1839.

RÉPONSE

D'UN HABITANT DE PARIS,

ELECTEUR DE LA PROVINCE,

Aux Réflexions de L'ÉLECTEUR ANONYME
distribuées par le Ministère sous le couvert
du Moniteur parisien, et intitulées :

A LA FRANCE ÉLECTORALE,

RÉFLEXIONS D'UN ÉLECTEUR A PROPOS DE LA DISSOLUTION
DE LA CHAMBRE DE 1839.

Cette brochure commence ainsi :

« La dissolution de la chambre de 1839 res-
» semble-t-elle à un coup d'état ? Le ministère
» du 15 avril entre-t-il dans les voies du mi-
» nistère des fameuses ordonnances ? et M. Molé
» sera-t-il conduit aux mêmes extrémités que
» M. de Polignac ? Existe-t-il enfin une analo-
» gie quelconque dans la situation du pouvoir
» et l'état des esprits entre 1830 et 1839 ? »
Nous répondrons à l'anonyme oui et non. Oui,

en ce que c'est pour échapper à la volonté, plusieurs fois formellement manifestée, de la majorité de la chambre, que le ministère la dissout; que c'est pour échapper à l'influence du principe parlementaire établi par les deux révolutions de 89 et 1830, et surtout de 1830, qui donne au pays la gestion de ses propres affaires sous le gouvernement d'un ministère responsable désigné et nommé par le roi, mais partageant l'esprit de la chambre ; et ici, parce que, ne partageant nullement l'esprit de la majorité de cette chambre, mais un autre esprit que nous n'avons pas à rechercher, elle lui retire depuis plus de dix-huit mois, coup sur coup, son approbation, ce qui a non seulement de l'analogie avec le ministère des fameuses ordonnances avant le contre-seing qu'il y apposa, mais ce qui est parfaitement identique. Car c'était alors aussi une pensée indépendante et en dehors de la pensée du pays, représentée par la majorité, qui prétendait gouverner la France à sa guise, dans l'esprit qui lui plaisait, et sans égard à l'opinion publique.

Non, en ce que plusieurs circonstances secondaires sont autres, en ce que la royauté de Louis-Philippe et sa dynastie sont appuyées personnellement par un nombre plus grand d'individus en France que ne l'étaient Charles X et la branche aînée ; en ce qu'il n'y a que huit ans que la révolution de Juillet s'est passée, qu'une nation ne se copie jamais, surtout à un aussi petit intervalle de temps, et, par dessus tout, que l'irritation est moins grande contre le ministère Molé que contre le ministère Polignac.

Mais, sur la question que se fait l'électeur anonyme, « Comment s'est formé le ministère du 8 » août 1829 ? qu'il avait pris la place du minis- » tère Martignac, qui avait, pendant les sessions » de 1828 et 1829, moins possédé la confiance » de la couronne que celle de la chambre, qu'on » ne fut nullement surpris de voir que Charles » X avait provoqué la démission de ses minis- » tres après la clôture de la session, etc. » Si l'on n'en peut pas positivement dire autant du ministère Molé, comme suite immédiate pourtant et en identité d'esprit avec le ministère du 6 septembre, le ministère actuel se trouve absolument dans la même position, par rapport à la couronne, vis-à-vis de la chambre ; car il est le successeur médiat, par une volonté qui jusqu'ici a voulu se faire omnipotente, contrairement à la majorité, du ministère du 22 février, qui, lui, la représentait, et que, comme le ministère Martignac, une volonté extra-représentative et parlementaire a forcé de se retirer. Sauf que de tout cela, vis-à-vis de la position faite à la France par le roi et la branche aînée, nous n'en sommes qu'au premier acte, et que le second se passera, de la part du ministère Molé et de la couronne, conformément au jeu des institutions représentatives, parce que, le ministère du 15 avril vaincu sans aucun doute dans les élections qui vont avoir lieu, la couronne le renverra, et nommera des ministres en rapport avec l'esprit de la nouvelle et plus puissante majorité. Dire ensuite « *que* » *l'opinion publique, que chacun avait compris* » *que le ministère Polignac ne pouvait avoir* » *d'autre mission que de renverser la Charte* » *en vertu de l'art. 14, que les ultra-royalistes* » *invoquaient depuis long-temps comme une der-* » *nière espérance de salut* », l'anonyme, indépendamment de quelques rumeurs sourdes fondées sur les déclarations de confidents du château, « *qu'on ne peut gouverner avec les cham-* » *bres* », déjà assez imprudentes et maladroites, ne parviendra pas à donner le change au corps électoral, parce que, s'il n'y a plus d'article 14 dans la Charte de 1830, une politique personnelle, une volonté supérieure et immuable, comme celle que l'on voit subsister depuis huit ans, reviendrait au même. Car, par la suppression de l'article 14 de la part de Charles X, si la couronne arrivait à gouverner sans contrôle, la pensée dont s'agit ici, quant au résultat, est la même pour nous tous depuis plusieurs années. Le corps électoral va y mettre ordre; son instinct, éveillé par les circonstances présentes, nous en est un sûr garant.

« *Les lois sur le sacrilége, sur la liberté de* » *la presse, sur le droit d'aînesse, avaient porté* » *jusqu'à l'exaspération l'opinion publique sous* » *le règne de Charles X* ». Mais les lois de dotation, de non-révélation, les tentatives sur *le costume*, portées jusqu'à la tribune, mais les lois d'apanage, n'ont pas peu mécontenté, irrité le pays non plus, et décèlent suffisamment des tendances répréhensibles qui pourraient aller loin! Or nous avons la certitude que les électeurs n'oublieront pas cela, ne passeront pas aussi légèrement là-dessus que le fait l'électeur anonyme, avocat du ministère.

Cet avocat complaisant, constamment *au point de vue* du *parce que*, embrassant dans son amour et dans sa défense la *branche aînée* comme la branche cadette, parlant de l'amour des Bourbons en général pour la France, savez-vous ce qu'il dit, comment il argumente pour prouver cet amour de la maison de Bourbon pour l'égalité, qui est aujourd'hui le principe de notre état social ?

« Quelle était donc l'origine de cette profonde
» animosité contre un pouvoir qui avait été ac-
» cueilli par de si unanimes transports au mo-
» ment de la première Restauration, car il serait
» puéril de rappeler ici les accusations menson-
» gères de la haine et de la calomnie ? C'est que
» le gouvernement des Bourbons, si favorable à
» la prospérité publique par la sécurité qu'il a-
» vait offert à tous les intérêts, ne put jamais se
» résoudre à reconnaître et à accepter le nouvel
» état social qu'il retrouva en revenant de l'é-
» migration. » Or, on voit par là que notre a-
vocat veut faire entendre que la chute de l'em-
pire, que l'événement politique appelé Restauration, n'aurait eu d'autre cause que l'indiffé-
rence, peut-être la haine contre un prince issu
de ses œuvres, comme l'était l'empereur, et l'a-
mour que les populations françaises auraient eu
pour les Bourbons, et que, ceux-ci se bornant
à faire la *paix*, mais laissant tout subsister comme Bonaparte l'avait mis, laissant aller et se développer les institutions féodales qu'il avait re-
créées, la France était satisfaite, ne demandait
et n'a jamais demandé autre chose ! Mais non,
Bonaparte était bien plutôt renversé, son éta-

blissement dynastique tombait bien plutôt, parce qu'il était une flagrante et audacieuse déviation du principe anti-féodal et anti-héraldique héréditaire de 89, que parce qu'il aurait fait la guerre. Mais continuons : « Fatalité d'autant plus
» déplorable que c'est aux princes de la maison
» de Bourbon que l'histoire devra reporter un
» jour presque tout l'honneur de l'égalité en
» France. Oui, les Bourbons, en cessant de con-
» voquer les états-généraux, et en substituant à
» la monarchie parlementaire des Valois la mo-
» narchie absolue, abaissèrent tellement les pou-
» voirs intermédiaires entre le peuple et le trône,
» que Louis XIV put dire avec vérité : l'*Etat*,
» *c'est moi !* Dès ce jour, l'égalité était établie
» en France. Aussi, quand Louis XVI essaya de
» convoquer une assemblée de la nation, suivant
» les anciennes coutumes, les élections eurent
» beau avoir été faites séparément par chacun
» des trois ordres, la réunion de la noblesse et
» du clergé au tiers-état s'effectua par la force
» des choses et contre la volonté expresse du roi.
» Tous les désordres de la révolution auraient
» pu être épargnés, si une tête assez forte se fût
» rencontrée alors pour comprendre toute la si-
» gnification de ce premier mouvement, et un
» caractère assez énergique pour briser ou faire
» obéir les préjugés rebelles : c'est ce qui n'ar-

» riva ni en 89 ni en 1815, et c'est pourquoi
» notre malheureux pays a été victime depuis
» cinquante ans de tant de catastrophes. »

Selon l'homme de MM. Montalivet et Molé,
que nous réfutons ici, les Bourbons de la
branche aînée ne se trompèrent en 1814 que
parce que, ne voyant pas les changements
qu'avait subis l'état social pendant leur absence,
ils ne voulurent ni le reconnaître ni l'accepter.
Ils l'auraient reconnu et appuyé dans le sens
et l'esprit que Bonaparte y avait mis, qu'ils
auraient été brisés comme il l'avait été et l'ont
été eux-mêmes après lui. Car l'hypocrisie et la
profonde rouerie de Louis XVIII, qui n'y toucha
presque point, ne lui auraient pas réussi long-
temps s'il eût un peu plus vécu. Le mouvement
populaire de 89, les changements qu'il apporta
à la société, n'étaient pas faits *une fois pour
toutes* et pour ne plus retoucher aux institutions
qu'il fondait, mais pour être *modifiés et étendus
sans fin, selon la marche de la société.* D'ailleurs, par les résistances et les attaques quelquefois victorieuses des ennemis intérieurs et
extérieurs de ce grand et religieux mouvement,
toujours depuis ce temps-là, quelques années
après, il a fallu qu'une révolution vienne renverser les institutions *déviatrices* que ces ennemis étaient parvenus à y apporter ou à lui op-

poser. L'histoire n'aura guère d'actions de grâce à rendre à la maison ou à la mémoire des Bourbons pour l'établissement de l'égalité en France, car, si, selon l'électeur aux Réflexions, cette égalité qui provient de la non-convocation par les rois des divers états composant la société féodale, cette non-convocation avait été toujours à si mauvais dessein de leur part que l'on voit Louis XVI, en 89, lutter et mettre tout en œuvre pour empêcher l'absorption des états privilégiés de la noblesse et du clergé par le tiers-état, qui était la nation !

« Si le ministère Polignac avait, par les or-
» donnances, supprimé d'un trait de plume
» plusieurs articles de la Charte et de la loi des
» élections, il n'avait attenté à *aucune liberté*,
» mais seulement attaqué l'égalité politique. »
C'est l'électeur anonyme, évidemment avocat du Château, qui dit cela ! Si la constitution politique de la France sous la restauration, déjà si oligarchique et si remplie de priviléges au profit d'individus ou de classes, est portée à un degré infiniment plus haut d'oligarchie, et par là d'exclusions d'individus ou de positions sociales, par les fameuses ordonnances, l'égalité n'est pas seulement atteinte, mais bien la liberté. Car la liberté ne consiste pas, comme l'avocat du 15 avril cherche à le persuader au

corps électoral, dans la *faculté vague*, pour la plus grande partie des citoyens, de pouvoir arriver au pouvoir, d'arriver à l'élection, à la députation, aux honneurs, etc., par l'acquisition de la fortune ou de conditions exorbitantes qui auront été établies ; mais bien de savoir si ces conditions peuvent être naturellement, commodément, communément remplies et acquises ; car si elles ne s'acquièrent, dans le cours ordinaire de la vie et du travail, que par des *tours de force*, comme à la loterie l'obtention d'un *quaterne*, ou dans l'industrie et les affaires, que par une activité, une déloyauté, une ruse et une cupidité dévorantes, démoralisantes et perturbatrices, comme on en remarque beaucoup dans ce moment-ci n'y arriver que par là, ce ne sont plus là des institutions fondant l'égalité, mais bien le privilége, et des institutions mille fois plus blessantes et antipathiques au cœur humain, que le *pur gouvernement de la force ;* car la force, dans sa brutalité, a au moins encore quelque chose de respectable ; tandis que le système, tel que l'entend et prétend le maintenir la pensée supérieure, ne serait plus qu'un système de basse hypocrisie, de déception et de tromperies, qui ne peut inspirer que la plus violente haine et le plus violent mépris, et entraîner en très peu de temps une révolution immense.

Tout ceci nous ferait penser qu'on a cherché dès le premier jour et que l'on cherche à faire de l'admirable mouvement social de 1830, une simple révolution par les pouvoirs politiques, c'est-à-dire un simple changement de dynastie et de fonctionnaires, *une fois pour toutes ;* sauf, après l'ébranlement fini et le calme revenu dans les esprits (comme si jamais, sous la mise en en pratique d'une telle déception, un calme véritable et sérieux pouvait y rentrer), à continuer la politique de Louis XVIII. On a pu avoir cette pensée, mais les électeurs vont montrer qu'on s'est trompé !

Laissant de côté les raisonnements sans fin que fait l'homme aux Réflexions sur la dissolution en 1839, pour disculper, non le ministère, mais le roi, aux yeux de l'opinion, qui ne s'adresse pas au roi, mais à ses ministres, sur ce que les chefs du ministère actuel auraient été pris dans la pairie, et non dans la chambre, chose dont on ne fait nul reproche et sur laquelle le débat ne porte point, il fait cette question : « Est-ce donc la royauté qui, par une in- » jurieuse préférence, a exclu des affaires les » membres de la chambre des députés que nous » avons vus à la tête du gouvernement avant » les ministres actuels ? Le président du conseil » du 22 février est-il tombé du pouvoir par

» quelque mystérieuse intrigue de la cour ?
» M. Thiers voulait-il oui ou non l'intervention
» en Espagne au 6 septembre ? Quand il soutint
» cette politique contre M. Molé, en présence
» des chambres, les sentiments de la majorité
» ont-ils été douteux ? »

Mais la pensée supérieure ou les ministères
6 septembre-15 avril, n'ont pas à se vanter, encore moins à se louer, nous le croyons, de cette
opposition aux vues de M. Thiers; car, de la
part de l'une et de l'autre, par une politique
différente, on aurait pu, avec les moindres sa-
crifices, appuyer et rendre ferme le gouvernement libéral de la régente, empêcher l'établissement d'une guerre civile *atroce;* et, par dessus tout, sauver le sang de 40 mille individus
qui sont morts assassinés sous le plomb, le feu
et la hache de deux partis en fureur !

« M. Thiers voulait l'intervention en l'ab-
» sence des chambres. » M. Thiers voulait à
Madrid la manifestation d'une influence libérale
et forte au profit du gouvernement de la régente, comme la France de la révolution de
juillet *est en pied* d'en porter et établir chez tous
ses voisins amis, sans qu'on puisse se permettre
ailleurs de l'imputer à un esprit de guerre et
d'envahissement ; parce qu'une pareille politique de la part de la France n'est que la juste

et simple défense de soi-même par la plus légitime et la plus naturelle prévoyance. Mais cette volonté supérieure qui neutralisait ainsi M. Thiers, qui le forçait à se démettre pour cette raison, les chambres étant absentes, cette même volonté, le ministère vient bien d'abandonner Ancône, indisposer, tracasser et nous aliéner la Suisse, sacrifier la Belgique et compromettre l'alliance de la France avec l'Angleterre, en l'absence des chambres et sans leur participation ! Cette volonté supérieure, MM. Montalivet et Molé ont donc peu de logique ou deux poids et deux mesures ? — On renvoie M. Thiers le 6 septembre, parce qu'il interprète le traité de la quadruple alliance en faveur de la révolution de Juillet; plus tard, sur les traités relatifs à Ancône, on dira qu'il n'y a pas lieu à doute, et on abandonnera Ancône contre la révolution de Juillet; on abandonnera de même la Belgique, parce que les conventions sont claires, et cela contre les intérêts de la révolution de Juillet; enfin, on trouvera les traités quant à l'Espagne douteux, pour abandonner l'Espagne, et toujours contre la révolution de Juillet ! Tout cela, c'est M. Thiers qui vient de le dire, et c'est vrai aussi.

C'est aux électeurs à redresser cette pensée Molé-Montalivet, qui interprète ainsi ici, com-

me sur tout le reste , toujours tout contre la révolution de Juillet ! et nous croyons qu'ils n'y
vont pas manquer.

« M. Thiers au 6 septembre voulait l'inter-
» vention [en Espagne; quand il soutint contre
» M. Molé cette politique en présence des cham-
» bres , la majorité ne fut pas douteuse contre
» lui. »

M. Thiers, peu de temps après sa sortie du
ministère , à l'ouverture de la session de 1838 ,
put bien ne pas avoir une majorité pour cette
politique, et cela par deux raisons. La première, parce que les députés , revenant de chez eux
encore entièrement sous l'impression des ca-
lomnies sans fin que le cabinet qui lui succéda
faisait débiter journellement contre lui : que M.
Thiers voulait la guerre, que M. Thiers , dans
l'absence des chambres , avait voulu violen-
ter la couronne, etc. , étaient plus ou moins
prévenus ; la deuxième, que la lutte des partis en Espagne ne s'était pas envenimée
et *cannibalisée*, si l'on peut s'exprimer ainsi , comme cela a eu lieu depuis, où l'on
ne voyait , tous ces temps passés, que l'exécution de malheureux prisonniers assassinés
à froid par centaines , dans chacun des deux
camps et dans chaque localité. Toutes choses,
il faut le dire , montrant la perspicacité et l'ha-

bileté politique de M. Thiers, qui avait bien vu qu'un abandon du traité de la quadruple alliance, ou une *politique* de *carliste*, comme il retorqua à M. Molé dans cette mémorable discussion de l'adresse de 1838, ne pouvait manquer de produire cet effet. — En présence de ces épouvantables exécutions, cet automne dernir, il n'est pas si sûr que, si la chambre eût été alors assemblée et que la question lui eût été de nouveau soumise, elle eût prononcé comme elle fit contre M. Thiers il y a quinze mois.

« Le cabinet du 15 avril a été appelé le petit
» ministère, parce que MM. Molé et Montalivet
» ne possèdent point la même faconde que MM.
» Thiers et Guizot, et quoiqu'il fût l'expression
» des grandes idées politiques des chambres :
» la *non-intervention* et l'*amnistie*. La non-intervention prescrite par les chambres ; nous venons d'y répondre. Jamais la question d'intervention n'a été nettement depuis lors soumise à la chambre, car dans le projet de la dernière adresse, la commission n'avait nullement cherché à soulever la question. L'amnistie, dont l'avocat de MM. Molé et Montalivet les glorifie tant, était un projet arrêté et sur le point d'être mis à exécution dès le mois de mars, sous le

ministère du 22 février ; c'est sous ce ministère
que les condamnés de Ham, qui inspiraient une
bien autre antipathie à l'opinion que quelques
prisonniers politiques obscurs, ont été amnistiés.
La coterie que représente le ministère actuel
jetait même déjà les hauts cris avant toute amnistie officielle, au printemps de 1836, sur les
seuls bruits qui couraient alors d'une amnistie
prochaine que M. Thiers allait faire.

« . . . . Les principes de la droite ont-
» ils été plus dignement défendus ? appartenait-
» il bien à M. Berryer de féliciter M. le prési-
» dent du conseil du 22 février de ses résolu-
» tions à l'égard de l'intervention en Espagne et
» de la conservation d'Ancône ? a-t-il montré
» un patriotisme bien intelligent en se rendant
» l'organe de cette politique propagandiste
» dont M. Mauguin semblait s'être réservé le
» monopole ? »

M. Berryer, outré de cette politique expec-
tante, froide, égoïste et lâche, qu'a toujours
montrée le 15 avril, en présence des deux partis
qui s'entr'égorgent en Espagne, sans oser ou
vouloir prendre une résolution ni dans un sens
ni dans l'autre, M. Berryer, disons-nous, a pu,
en homme de cœur et de loyauté, préférer la
franchise de M. Thiers et lui serrer la main, à
une aussi ignoble conduite que celle de la poli-

tique qui prévaut depuis deux ans dans les conseils; politique d'agioteur, de véritable *monteur d'affaires*, qui crie et taxe de propagandiste quiconque *n'enfouit* pas son *âme et son être* tout entier dans les intérêts matériels, et les tripotages honteux et immoraux, comme ceux que vous avez vus si bien fleurir à la Bourse depuis dix-huit mois, ou ceux que l'honorable M. Mauguin est allé dévoiler et flétrir tout récemment à la cour d'assises !

Elle est là cette politique ! elle enlace le Belgique aussi. Il n'y a qu'à aller voir cet industrialisme des sociétés par actions, vociférant à l'heure qu'il est contre tous les véritables patriotes et les citoyens honorables, et voulant coter aussi à la *Bourse* la ruine de la patrie. Voyez la lettre de l'honorable M. Dumortier, insérée au *Constitutionnel* du 19 février :

« Il y a crise dans les sociétés anonymes,
» mais cette crise est le contre-coup de la dépré-
» ciation de ces sociétés en France; elle est é-
» trangère aux affaires politiques, et le déshon-
» neur de la patrie n'y porterait pas remède.
» Cette crise est due presque partout à l'exagé-
» ration des valeurs des établissements mis en
» société et à l'agiotage des usuriers. Lorsqu'un
» haut-fourneau qui vaut au plus 60,000 fr.
» est mis en société pour le capital de 600,000;

» lorsqu'une houillière valant 8o, 9o,ooo fr. ,
» est mise en société pour un million, deux mil-
» lions ; lorsque pour faire hausser les actions
» on prélève des dividendes sur le capital social,
» évidemment il se prépare une crise, et les in-
» fames agioteurs qui en agissent de la sorte, ont
» bien mauvaise grâce de venir ensuite deman-
» der l'humiliation de la patrie pour continuer
» à tromper le peuple. Pour eux, on conçoit
» que l'honneur national est peu considérable ;
» ils coteraient l'infamie en bourse et vendraient
» le pays pour un quart pour cent ! »

Revenant à notre homme aux réflexions, il dit :

« Dans le cours de la discussion de l'adresse
» a-t-on vu les ministres du 15 avril décliner
» le combat sur un seul point, et chercher,
» comme on ose les en accuser, un refuge der-
» rière la royauté ? Et qui donc parmi les *coa-*
» *lisés* se croirait en droit de suspecter leur cou-
» rage ? Où trouver des caractères plus purs et
» plus honorables ? On les accuse d'être cor-
» rupteurs ! La calomnie n'a-t-elle pas accusé
» leurs prédécesseurs d'être corrompus ?

« La conscience publique s'est émue en en-
» tendant le président du conseil rappeler que,
» vieux serviteur de son pays, il lui avait dé-
» voué son existence. C'est en vain qu'on repro-
» cherait à M. Molé d'avoir servi plusieurs gou-

» vernements ; les honneurs sont allés le cher-
» cher plutôt qu'il n'a couru après les hon-
» neurs. Signalé par ses lumières et sa modéra-
» tion , il s'est trouvé appelé à diriger les affai-
» res chaque fois que les idées de sagesse ont
» prévalu dans la politique. — M. Molé est
» le véritable homme d'état. — Personne est-il
» plus digne d'un autre côté de marcher auprès
» de M. Molé que M. de Montalivet ? Qui peut
» ignorer aujourd'hui la noblesse de son carac-
» tère et sa haute capacité ? Quel ministre a ja-
» mais donné des preuves plus éclatantes d'un
» grand courage civil ? Ne l'a-t-on pas vu aux
» journées de décembre faire un rempart de sa
» personne contre l'émeute aux ministres du
» 8 août, pour que force restât à la loi. Ce qui
» fera, d'un autre côté, la gloire de M. de Mon-
» talivet, c'est d'avoir compris la profondeur de
» la pensée politique du roi et de s'y être dé-
» voué. »

On le voit ! et nous devons le rappeler à nos
lecteurs , comme on ne se cache pas de montrer
ici la pensée supérieure, le système personnel,
et que, de toutes ces belles qualités du ministère
actuel auprès de tous ces prédécesseurs, ce serait d'être, contre l'esprit de la majorité de la
chambre et les sentiments du pays, le pur et
misérable instrument d'un système, d'une pen-

sée extra-parlementaire et contraire au gouvernement représentatif !

Ah ! la coalition ! la coalition ! insinue ou crie
ouvertement ici l'électeur anonyme défenseur
du 15 avril, comme ses deux champions quoti-
diens, la feuille de M. Bertin et celle de l'ancien
député de Bourganeuf. Mais la coalition ? pourquoi pas. Pourquoi MM. Berryer, Odilon-Barrot, et même M. Garnier-Pagès, ne se rencon-
treraient-ils pas quelquefois ensemble à voter ?
Est-ce que la loi, la Charte, comme la première
et principale loi, a déterminé plus de deux cou-
leurs pour les boules ? La localité où il y a majorité pour M. Berryer ou M. Odilon-Barrot,
n'a-t-elle pas droit à avoir son député à la
chambre et à y admettre ou rejeter, de son vote,
les mesures législatives qui y sont présentées,
aussi bien que celle qui y envoie M. Fulchiron
ou M. Roul ? Au surplus, dans toute assemblée
délibérante, il y a nécessairement des nuances,
si, surtout, cette assemblée est le produit d'une
société travaillée par le scepticisme politique et
religieux comme l'est notre société actuelle. Une
coalition est le seul remède aujourd'hui, si l'on
veut que la France soit représentée et que le
gouvernement marche comme la société : car,
autrement, les majorités n'étant souvent que
des agglomérations d'intérêts, et non d'idées et

de principes, si les *nuances*, *opinions* ou *écoles* que peut renfermer le pays, et par conséquent la chambre, étaient assez stupides, tout en payant des impôts à les rendre électeurs et éligibles, d'abandonner la politique positive et effective, à des coteries ministérielles toujours gorgées de places et de faveurs, et travaillant à s'en gorger de plus en plus sur les contribuables, celles-ci pourraient joliment se moquer de cette masse de gens, citoyens par leurs fortunes, et se livrant ainsi sans partage à la contemplation et l'espoir de la réalisation future de chacun tout son système! Ce serait joli vraiment! Une pareille marche de la part des 213 députés, peut-être 230 sur les 459, et représentant, sur 33 millions en France, peut-être 22 millions de population! Et tout cela pour les beaux yeux, pour la satisfaction vaniteuse ou puérile d'une intelligence aussi pauvre que celle de M. le président du conseil! Non, non!

Nous ne connaissions pas M. Molé, et, sur la foi du jargon d'un certain monde d'affaires dont nous nous trouvions depuis quelque temps plus particulièrement entouré, nous le prenions, nous aussi, pour un homme d'état; nous croyions en son savoir, à une haute capacité chez lui; mais dans la discussion de l'adresse, où nous l'avons vu dix jours durant, nous avons bientôt remar-

qué que nous nous étions complétement trompés
sur son compte et sur sa portée d'esprit : que
c'était tout au plus une intelligence de *qua-*
trième ordre ; et que toutes les fois qu'étant à la
tribune il n'avait pas quelque série de pièces ou
documents diplomatiques à citer, lire et lier par
quelques phrases ou monosyllabes, il n'avait et
il n'y a en lui aucune force, aucune puissance
de création, composition et débit, nous ne di-
rons pas oratoire, mais intellectuel.

Ses niaiseries d'ailleurs de cet été dernier, où,
en véritable gentilhomme campagnard, avec son
prince absolu voulant bien jeter sur lui un re-
gard, et, qui plus est, lui faire cadeau d'un tableau de cette *scène* tel que le ferait un gentilâtre
perdu, depuis sa naissance, dans quelque vallée
de la Bohême, auprès de son prince, l'empereur
d'Autriche, ont pleinement montré que M. Molé, propre tout au plus à faire un maire de can-
ton, était incapable de diriger comme ministre, à bien plus forte raison comme président du
conseil, les affaires de la France ; et les électeurs
ne manqueront pas, nous en avons la certitude,
d'envoyer une majorité qui le renversera à Cham-
plâtreux admirer et s'admirer dans son tableau.

Eh ! pauvres journalistes, vous n'aviez pas vu
qu'il y avait tout un système révélé là par ce ta-

bleau ! Et il a fallu que nous autres, électeurs ,
vinssions signaler le fait à nos confrères en é-
lection !

Nous nous sommes un peu étendus sur M. Molé ; nous n'avons bien parlé que de lui jusqu'ici,
parce qu'il nous importait de montrer aux électeurs et à la France le seul homme de quelque
consistance, de quelque pureté d'antécédents
dans le ministère.

Pour M. de Montalivet, homme lourd et é-
pais de cette nuance palinodiste, ivrogne et
sans scrupules du libéralisme de la Restauration,
on a toujours vu, par son *entourage* depuis la
révolution de Juillet, ce qu'il est, et combien
peu son cœur sait discerner la couleur des choses, leur laideur ou leur beauté, leur moralité
ou leur saleté. Cette circonstance de sa vie,
d'ailleurs, de ce transport *caché et furtif* des ministres de Charles X à Vincennes après le prononcé de leur arrêt, dont on fait tant de bruit
et qu'on présente encore ici , n'a été jugée à *si
grand mérite*, que par deux ou trois petites coteries, ennemies à la mort, mais hypocrites et
lâches, et qui, ayant chacune pour s'entre-
tromper et aussi tromper le pays , toujours en-
tre-exalté, quiconque, de l'une pour l'autre, faisait la plus petite action , lui rendait le plus pe-

tit service, avaient intérêt à en agir ainsi. C'est par ces deux ou trois coteries, qui, s'étant attribué le monopole de *l'opinion officielle* après la révolution de Juillet, que cette action toute simple de M. de Montalivet a été tant exaltée; action dans laquelle, avec les moyens de force que lui donnaient les *inexpugnables rangs* de la garde nationale, tous les moyens de secret par l'unité de consigne dans ce grand jardin, *vide de tout public*, du Luxembourg, ses nombreuses issues possibles, et les moyens de prompts transports couverts, toutes choses qui étaient à sa pleine disposition, c'est, dis-je, par ces deux ou trois coteries qu'il a été tant exalté, tandis que, dans la réalité, cette affaire était on ne peut plus facile, et ne demandait aucun héroïsme.

Que les quatre ministres jugés, et vivant bien à leur aise au fort de *Ham*, qui s'étaient considérés dans les premiers temps comme devant périr immolés dans la rue ou par un arrêt de condamnation, aient prôné pendant deux ou trois ans, dans des correspondances à des amis et rendues souvent publiques à dessin, l'héroïsme, l'humanité surnaturelle et divine de M. de Montalivet, cela se conçoit; mais du point de vue de la morale, et de la conduite ordinaire de l'homme tant soit peu cultivé, cette action était toute simple, et vingt mille, trente mille

individus dans Paris, avec les moyens dont M.
de Montalivet disposait, et aidés comme lui,
l'auraient fait; et cela, sans se laisser comme
il l'a toujours fait, lui, présenter comme un
saint, comme un héros !

Il y a bien d'autres choses, bien d'autres dé-
cisions de cette opinion officielle, mais non
réelle, des coteries, depuis la révolution de
Juillet, à réviser ; elles le seront chacune à son
tour par les électeurs et le pays, nous en avons
la conviction.

Il y aussi quelques coteries à examiner par
leur nature. Peut-être serait-il opportun aujour-
d'hui de faire jeter les yeux des électeurs sur
celle du *Journal des Débats.*

La coterie des *Débats* est peut-être composée
de soixante individus, les uns rédacteurs quo-
tidiens ou hebdomadaires de cette feuille, les
autres à des jours et des semaines indéterminés,
les autres à des époques non fixes et selon les
circonstances.

Toute l'école se disant des *intérêts matériels*
y est ; ensuite la fraction littéraire *purement*
éclectique. Tous les *précepteurs*, anciens ou en
exercice, de cette longue lignée de la maison
régnante, y sont en pied ; or, comme on peut
remarquer que toute cette coterie se présente
dans les colléges électoraux, l'un ici près, l'au-

tre plus loin ; l'un dans les départements du centre, l'autre à la frontière ; l'un au midi , l'autre au nord , s'ils parvenaient , à l'aide de cette feuille qui est leur *puissance* et qui les prône , à se faire nommer , on aperçoit comment le *Journal des Débats* , qui fait et défait depuis vingt-cinq ans les ministères , ferait encore ici , par la législature , d'une part , les lois et le budget , et à l'aide de cette même chambre , de l'autre , l'influence , les subventions et les honneurs. C'est aux électeurs à voir s'ils veulent de cela !

 Les intérêts matériels comme but. C'est ce qui ressort tellement de la pensée du ministère, qu'il est à remarquer qu'ici, depuis le commencement du plaidoyer de notre électeur jusqu'à la fin , il n'est question que des grands avantages que présentait la Restauration , pour la grande, la profonde sécurité qu'elle avait donnée aux intérêts matériels ; que des immenses avantages de la Révolution de 1830 pour ces intérêts, pour son honneur intérieur et extérieur, sa considération. « Croit-on en effet que ce soit
» pour donner des gages de paix à l'Europe jus-
» tement effrayée des souvenirs de notre pre-
» mière révolution, qu'on ait conservé la paix ?
» Evidemment non : c'était par respect pour
» tant d'intérêts qui auraient été frappés par la

» guerre ou une hostilité quelconque. Bien
» plus, toute guerre de principes ou même d'in-
» térêts aurait bientôt fait oublier le caractère
» éminemment social de notre Révolution de
» 1830. Comment alors songer au classement
» des intérêts nouveaux. »

Par là ne dirait-on pas que tous ces soins,
que toutes ces précautions que l'on a prises
pour empêcher toute guerre d'avoir lieu, que
c'était afin de se ménager le temps pour pouvoir
se livrer sans partage « *au classement des inté-*
» *rêts nouveaux* » mis au jour par ce mouvement
éminemment social de 1830? Mais alors quels sont
donc, du milieu de ces innombrables intérêts
et facultés qui se mirent au jour, qui firent
acte d'homme dans la révolution de Juillet,
ceux que l'on aurait travaillé à dégager des
vieux intérêts, à classer et à protéger ? Où sont
les classes, les individus qui, froissés, inferio-
risés par un ordre social aveugle avant le mouvement de 1830, et qui faisaient ce mouvement
pour se mettre à leur place, qui ont été élevés
et mis depuis dans la vie active et indépendante
de la population ? nous n'en connaissons point,
et nous défions les champions de *l'admirable*
politique des huit années de nous en indiquer
seulement un. Car, toutes choses étant égales,
si le mouvement ordinaire de la société, l'ag-

glomération non interrompue et incessante de la population à Paris, conduit à y faire édifier par année un plus grand nombre de maisons, et, par ces accroissements, à y développer quelques petites industries nouvelles, y étendre, pour les besoins de la consommation, quelques unes des vieilles industries, cela peut faire vivre plus de maçons, de charpentiers ou de couvreurs, peut-être donner, par absence de concurrence, un peu plus de valeur à leur journée; mais, pendant que la population s'agglomère et s'accroît ici, dans cent endroits elle s'éparpille et diminue. Mais si, pendant que de plus nombreuses fabrications ont lieu, la distribution des produits est de moins en moins en rapport avec l'activité et la moralité des individus qui les enfantent ; si, depuis la révolution de Juillet, le *magnifique mouvement social de* 183o, le nombre des criminels à reprendre avait triplé, et celui des condamnés avait doublé ; si partout, dans toutes les villes, les architectes et ingénieurs du gouvernement n'étaient employés qu'à dresser des plans pour édifier des prisons et des salles de justice et de chicane ; si, dans toutes les localités, sur toute l'étendue de ce vaste territoire de 86 départements que l'on appelle la France, les honnêtes gens, les familles laborieuses et vertueuses, déclinaient à vue d'œil et tombaient de plus en plus dans la pauvreté, l'abandon et la misère, et que le nombre des gens déloyaux, des filous dans la prospérité, s'augmentàt dans une progression géométrique, non seulement cette époque ne serait pas une époque de progrès en science sociale et en *science de gouvernement*, mais elle serait l'opprobre des siècles ; et, dans l'histoire et l'esprit des générations futures, la mémoire de tous ceux qui, par leur élévation, y auraient été mis en position d'*influer* sur le sort des peuples, voués à une exécration éternelle ! — C'est aux électeurs à redresser une marche si évidemment mauvaise, et cela avec d'autant plus de fermeté et de persévérance, qu'ils pourraient croire davantage, si on s'en rapportait aux champions de MM. Montalivet et Molé, que ceux-ci n'en seraient pas les seuls auteurs ; parce que, dans une société représentative, le roi ne s'appartient point, et que, obligé de suivre l'opinion et les sentiments de son peuple, la couronne lui a été moins donnée à porter pour lui, pour l'intérêt de son amour-propre, que pour celui du corps social, dont le sort et l'avenir tout entiers, ainsi que la marche des idées et la civilisation, peuvent être si gravement compromis et retardeés par ces aberrations.

Les électeurs n'oublieront pas que, pour empêcher que *l'agiotage* ne devienne l'unique loi, et que la société ne se transforme en une immense salle de *jeu*, il faut qu'elle soit soumise et qu'elle repose sur la *pensée*, et non sur la *matière :* car les intérêts matériels et un universel *bien-être* ne peuvent découler et prendre vie que d'un meilleur *système d'idées*, et non un pêle-mêle, un grand bazar d'intérêts, de fabrications et de commerce, *enfanter ce système.* Qu'ils voient combien peu il a fallu de temps à replonger dans la gêne, et même dans la banqueroute, tout *cet industrialisme* de ces deux dernières années (dont le ministère du 15 avril se sert pourtant comme du plus puissant argument), qui semblait avoir rempli à toujours la société d'or, et avoir mis fin de même à toutes crises et perturbations sociales ; et cela pourtant par un aussi simple et si ordinaire événement dans un gouvernement représentatif, qu'une divergence sur le *sens d'une adresse* et la dissolution de la Chambre !

Qu'on ne nous parle donc plus d'une stabilité et d'une situation prospère fondées *purement* sur un mouvement industriel, et ayant pour *base* ce mouvement, parce que ce ne peut être qu'un château de cartes, que le plus petit souffle renverse.

B....., Avocat à la Cour royale.

24 février 1839.

www.ingramcontent.com/pod-product-compliance
Ingram Content Group UK Ltd.
Pitfield, Milton Keynes, MK11 3LW, UK
UKHW022357120726
13694UKWH00005B/1928